AF608734

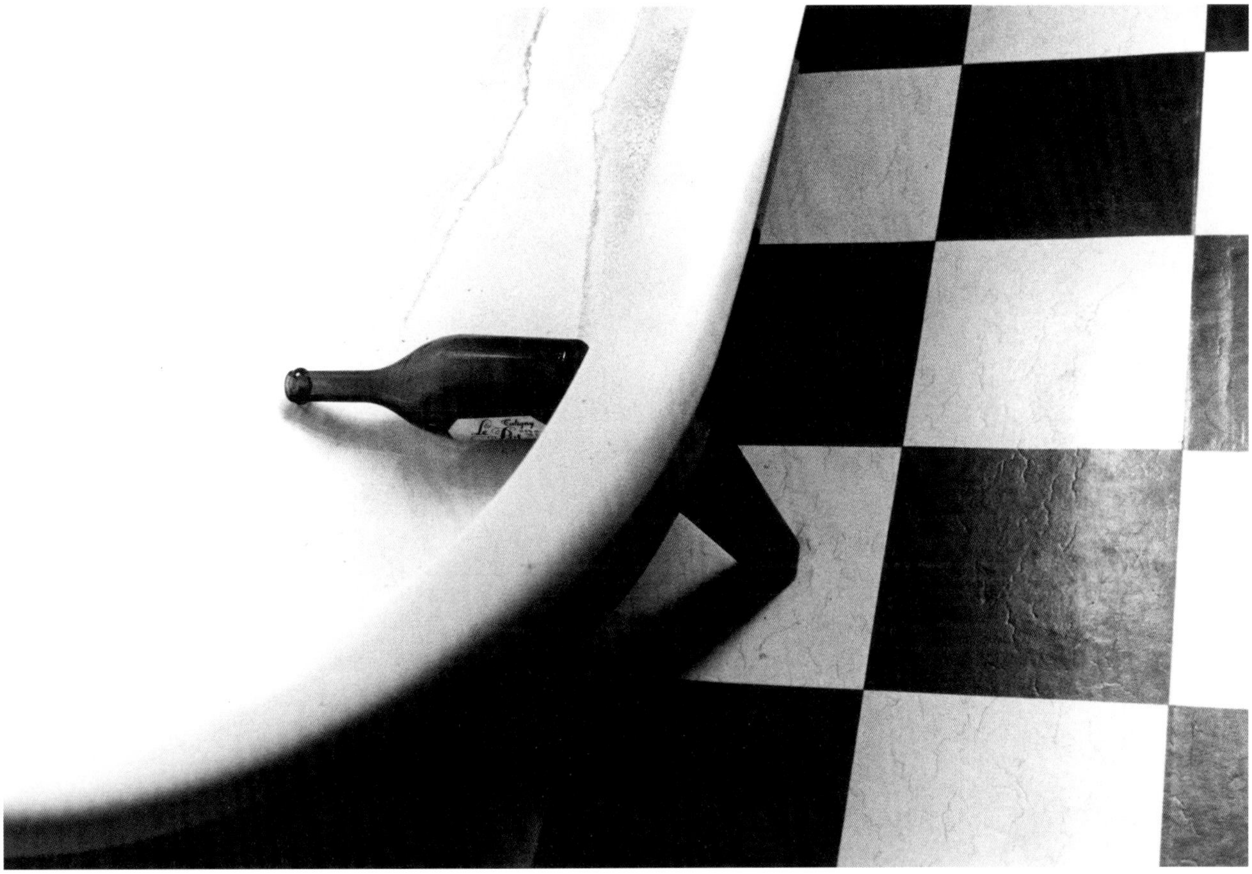

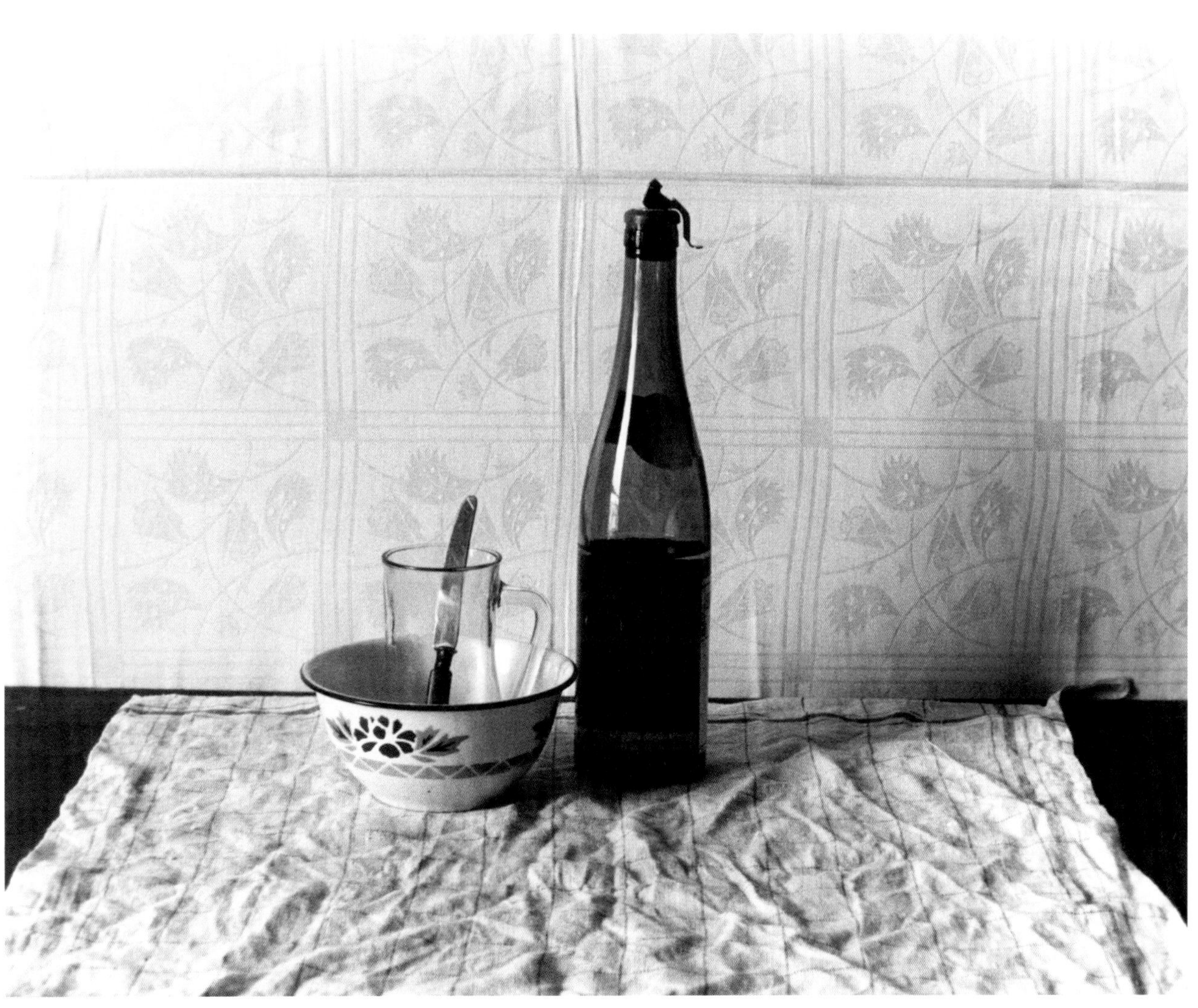

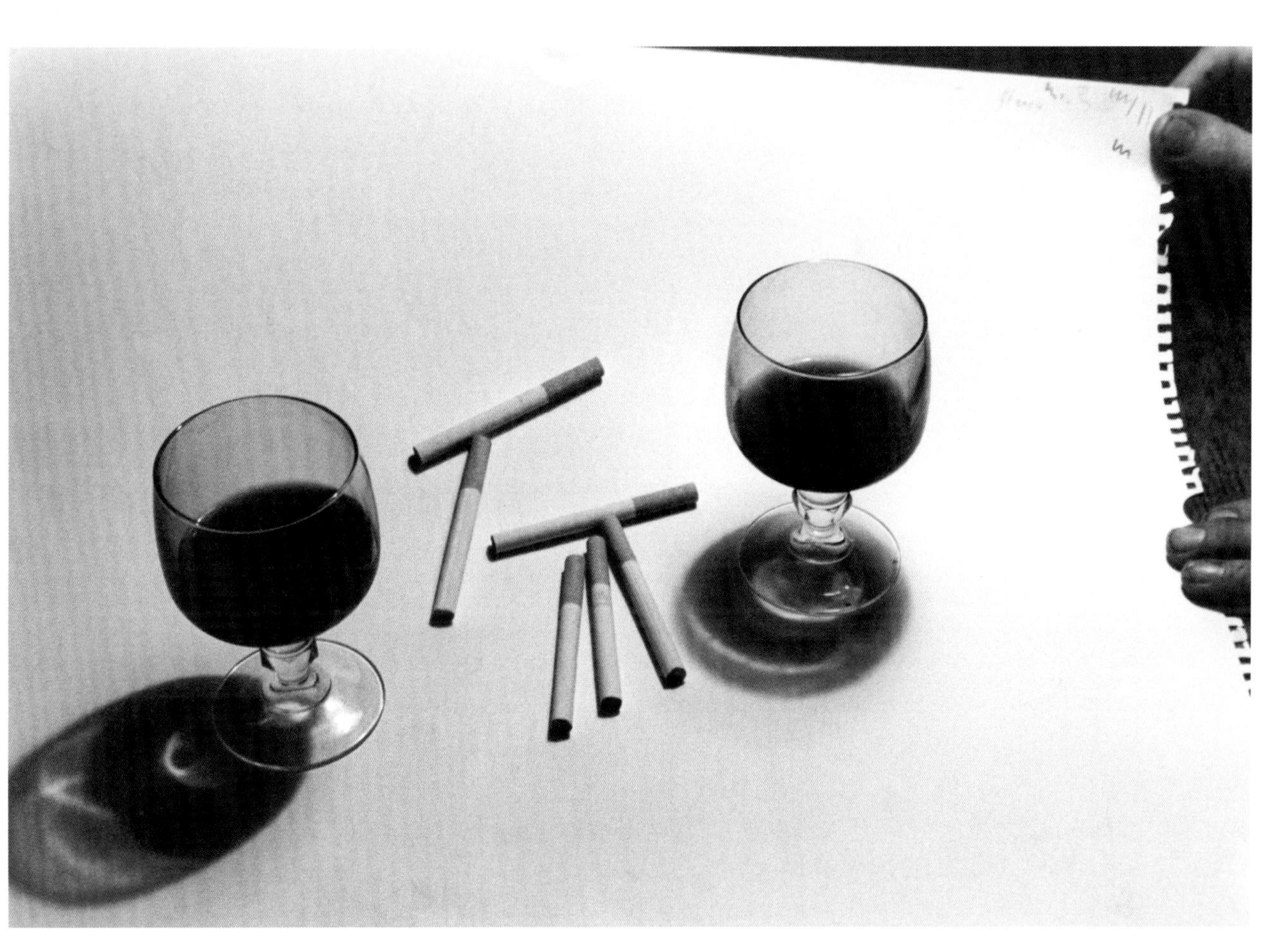

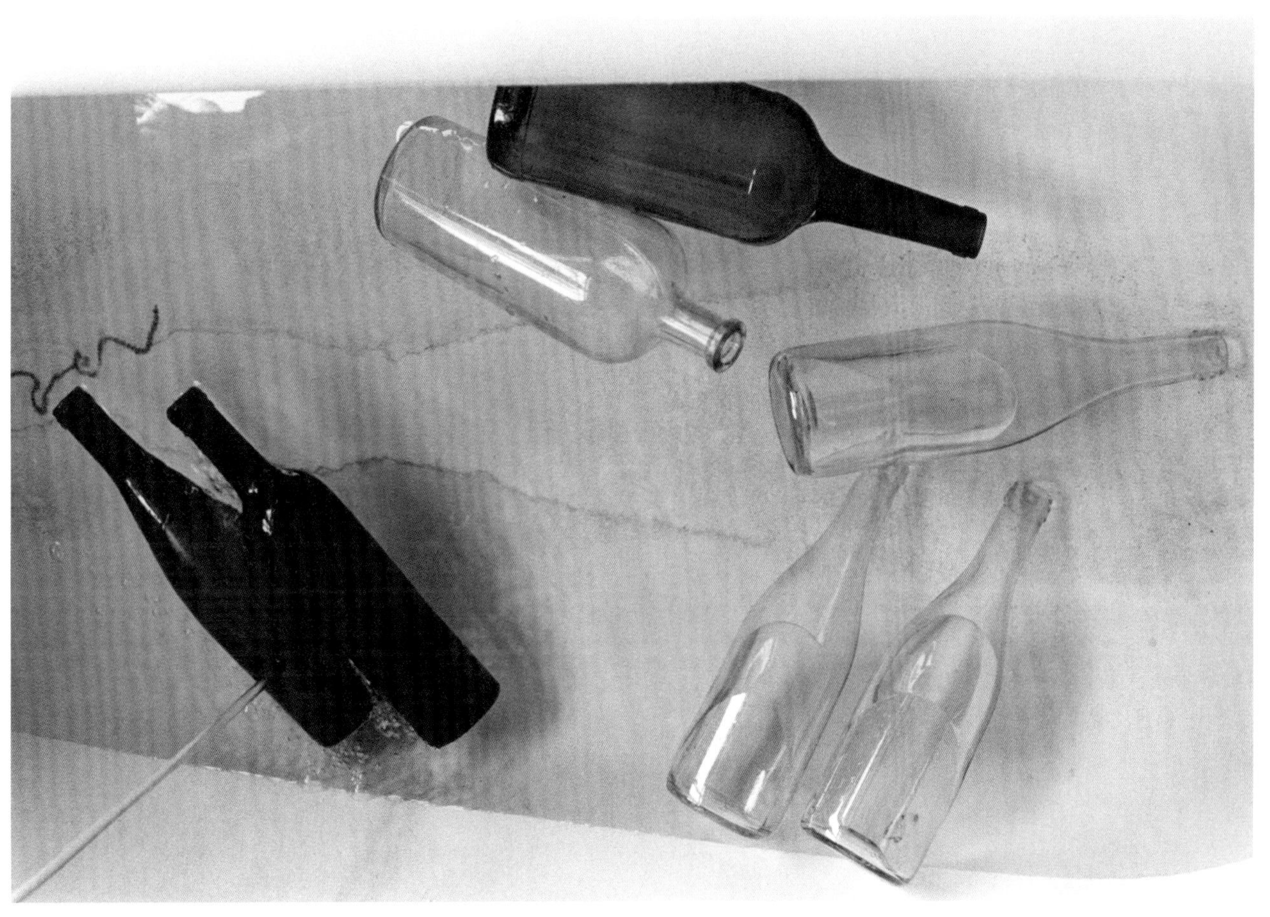

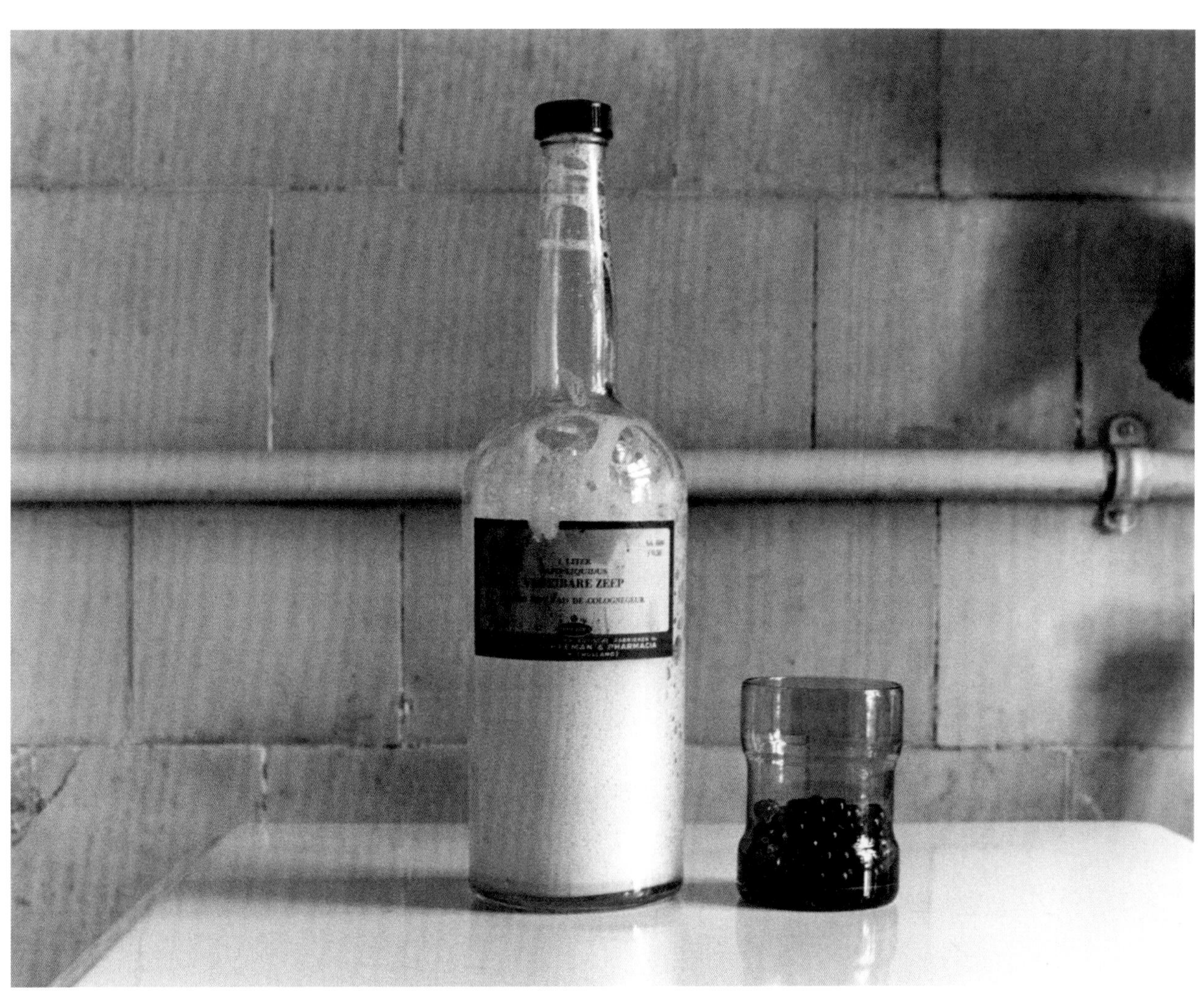
1 LITER
ZEEP

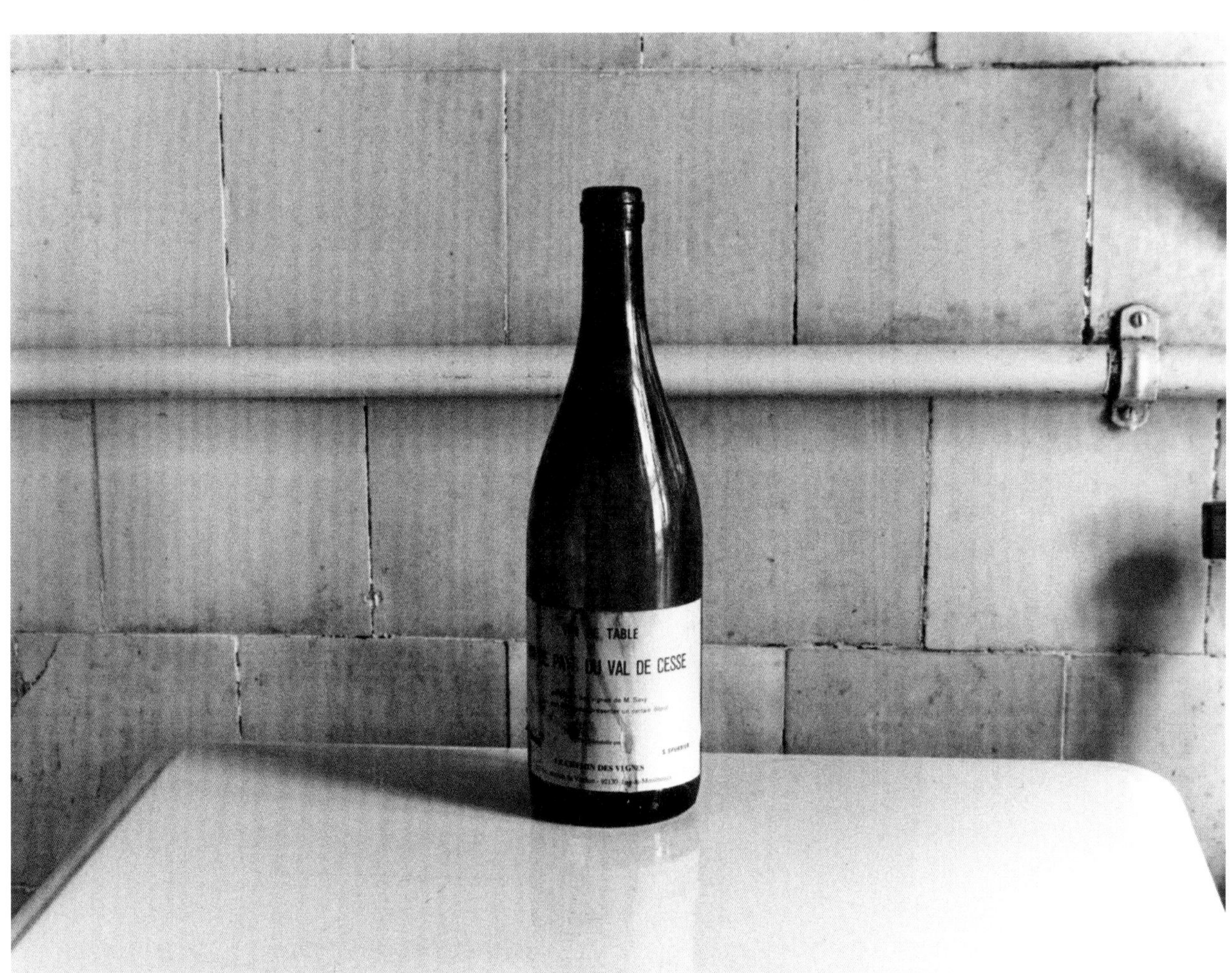
TABLE
VAL DE CESSE

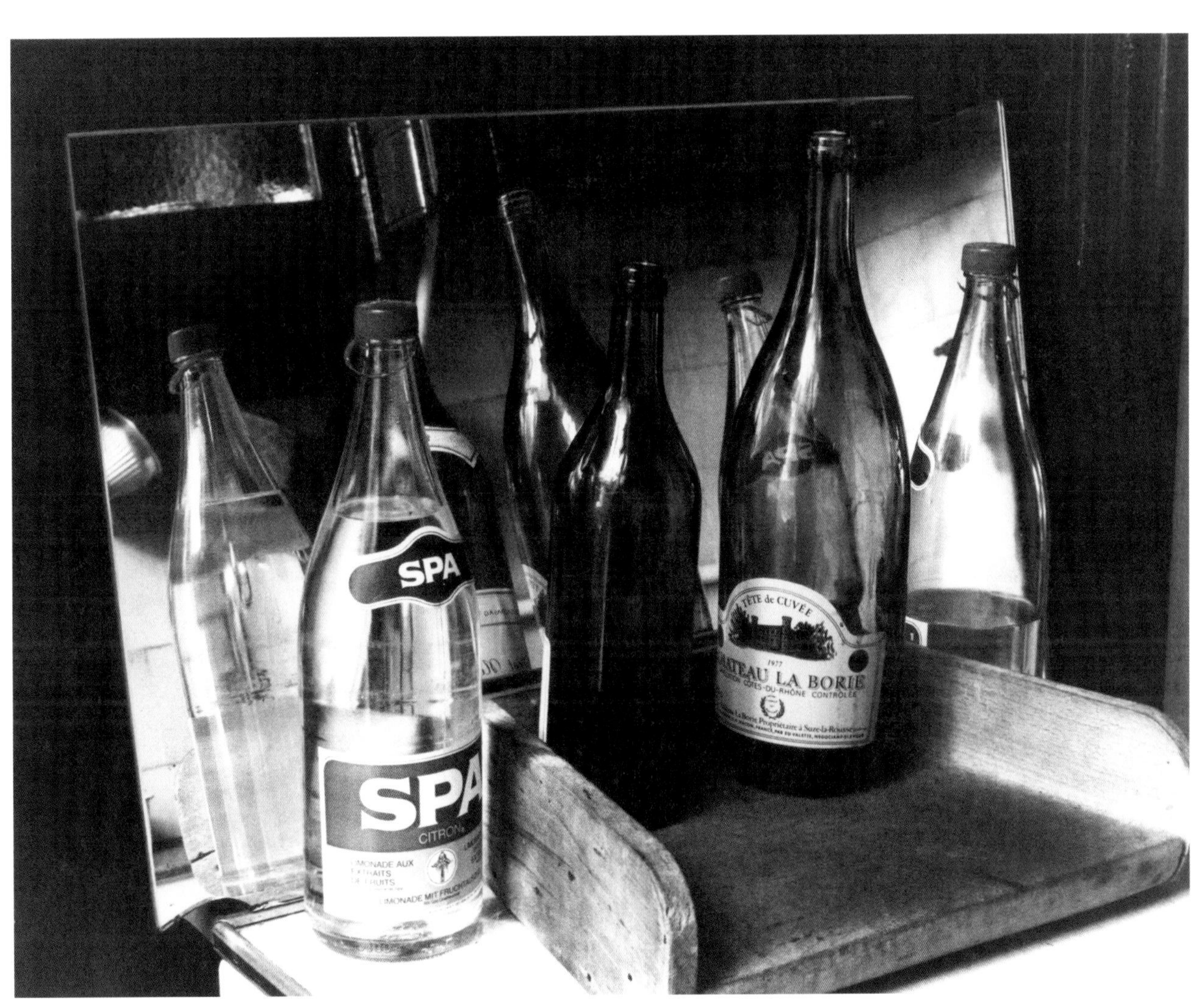
SPA
SPA
CITRON
IMONADE AUX
XTRAITS
E FRUITS
IMONADE MIT FRUCHT
TÊTE de CUVÉE
1977
ATEAU LA BORIE
CÔTES-DU-RHÔNE CONTROLÉE

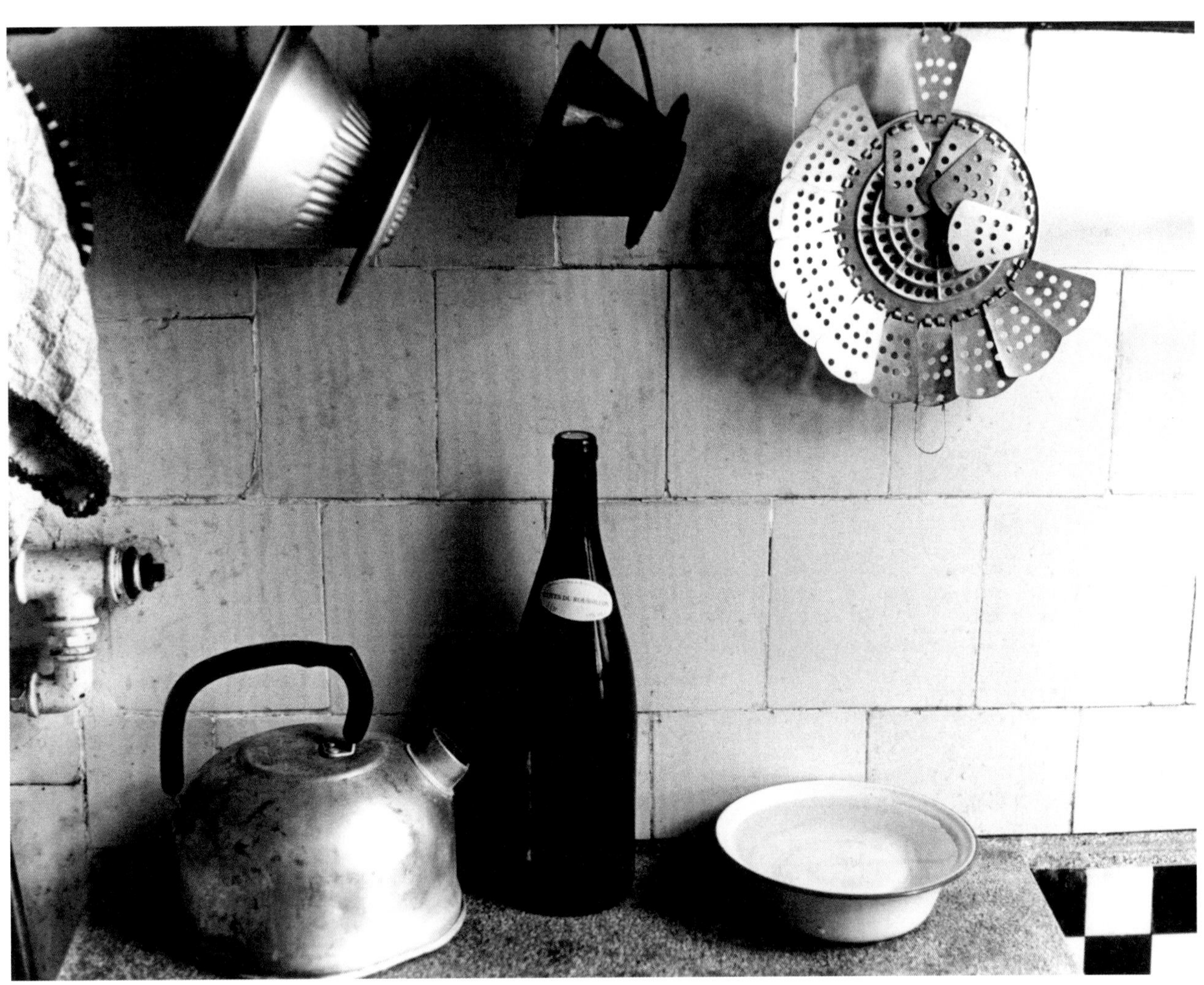

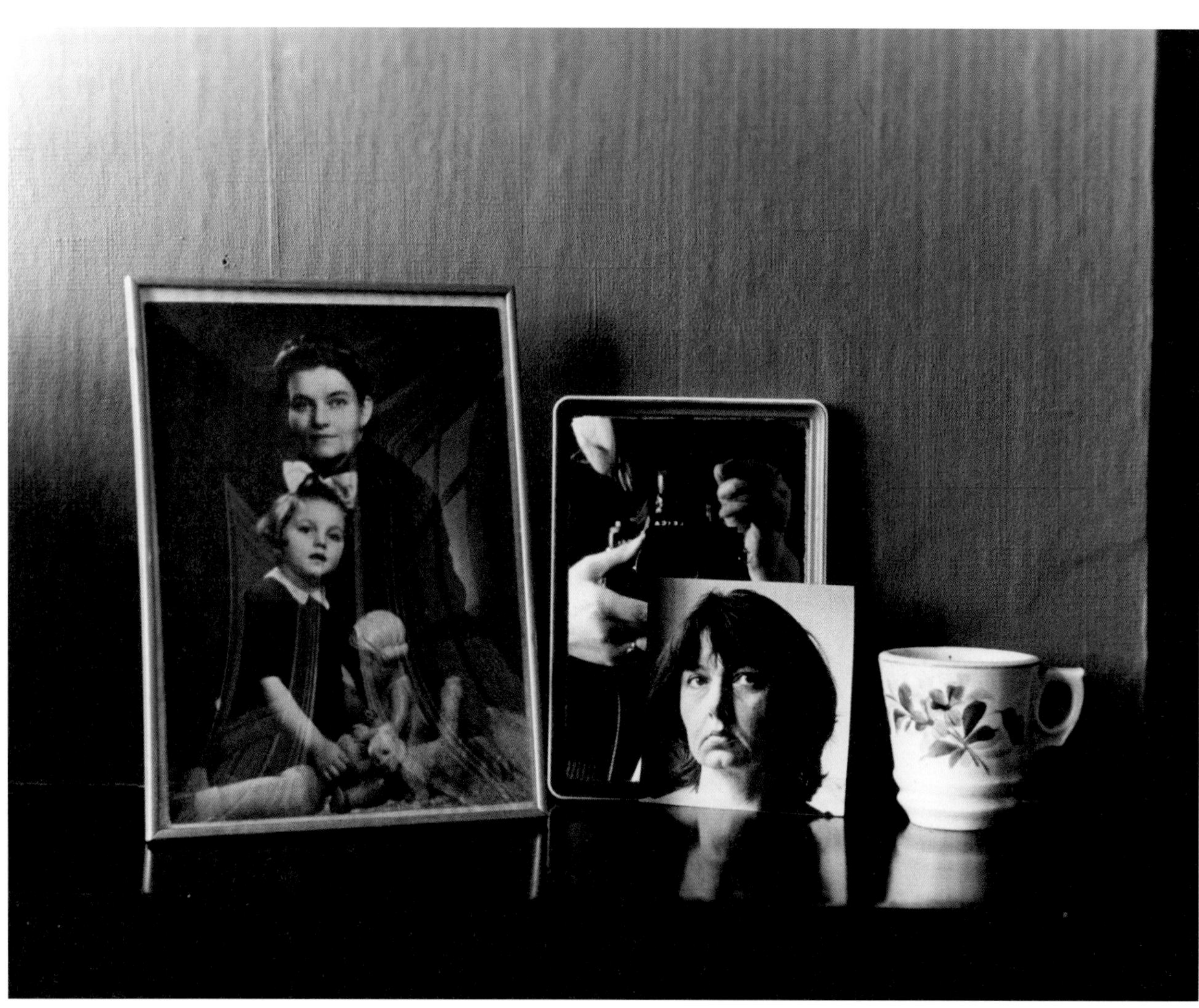

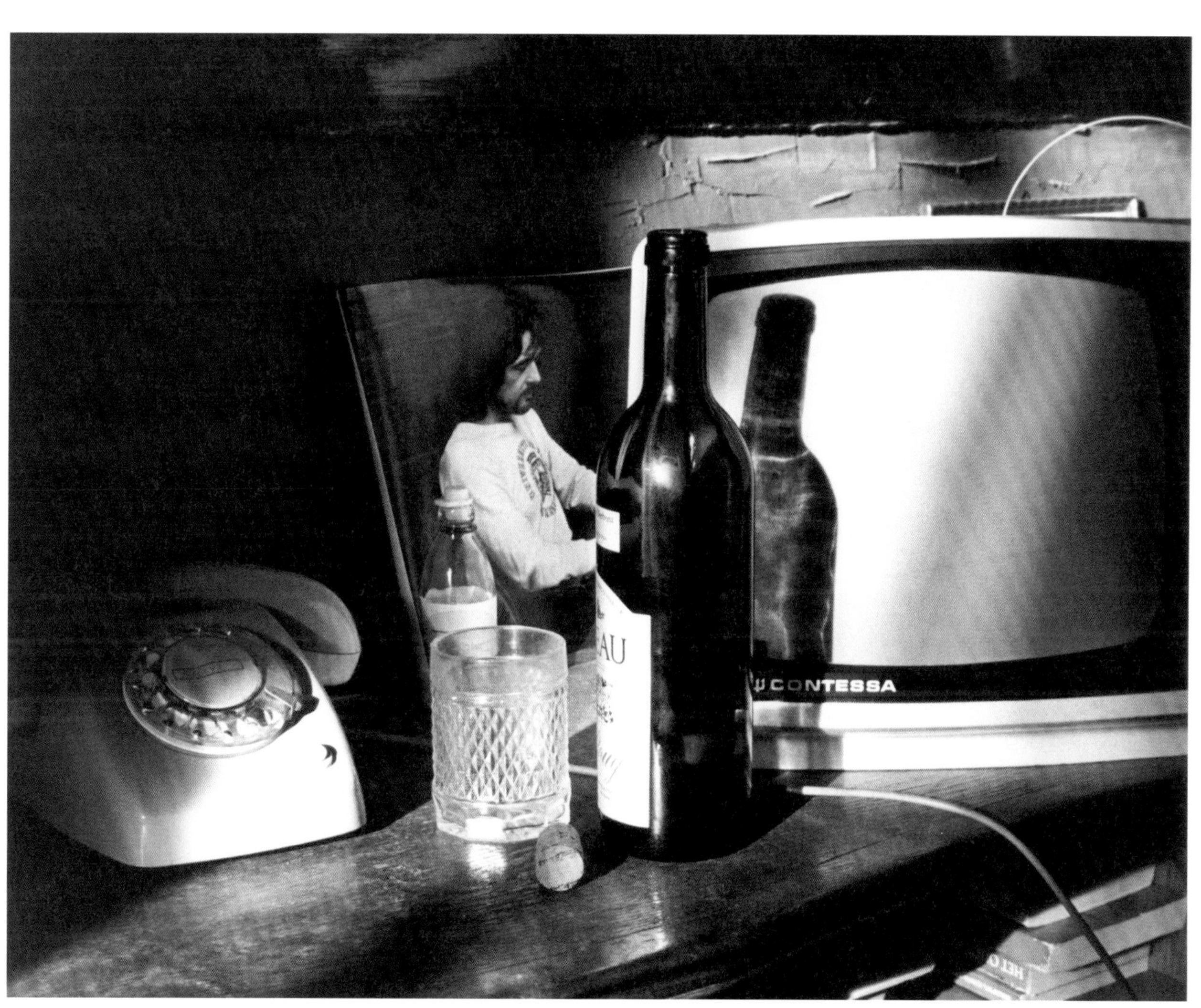
CONTESSA

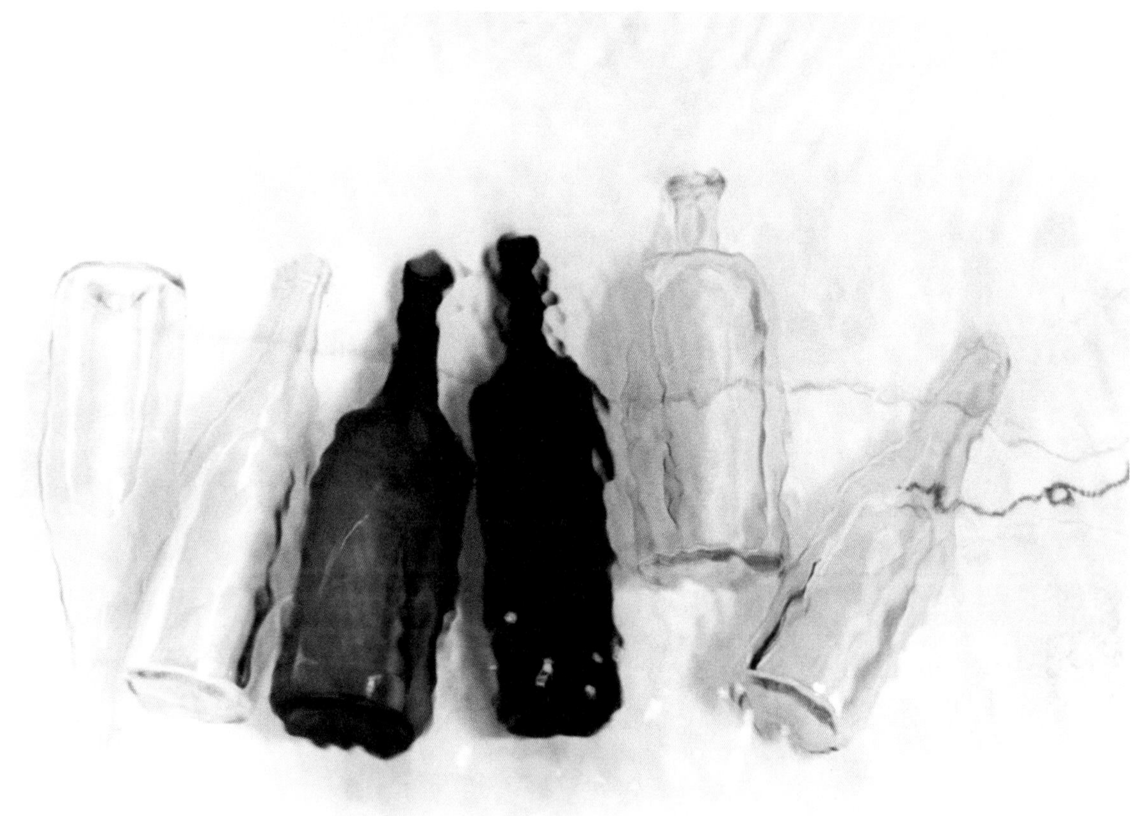

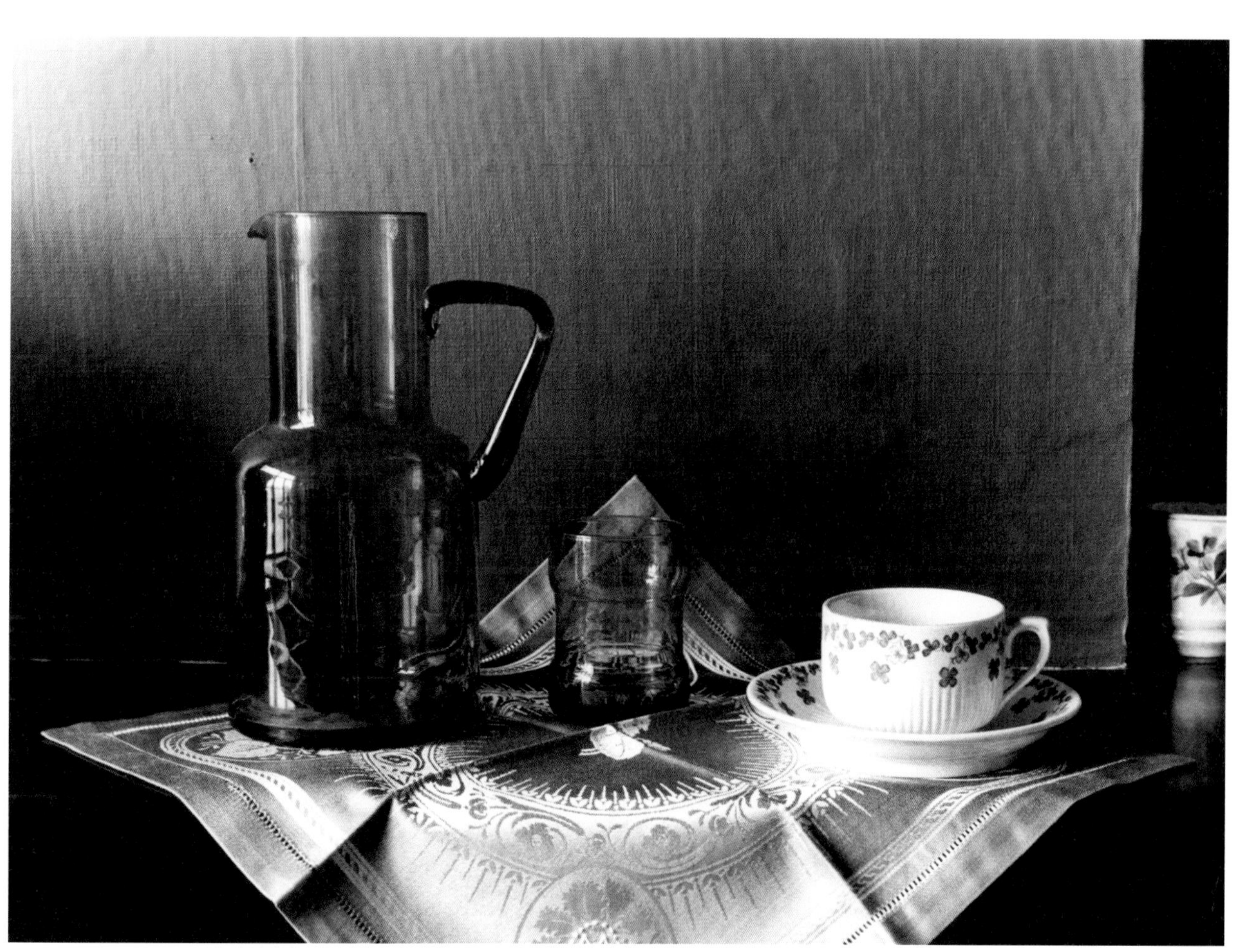

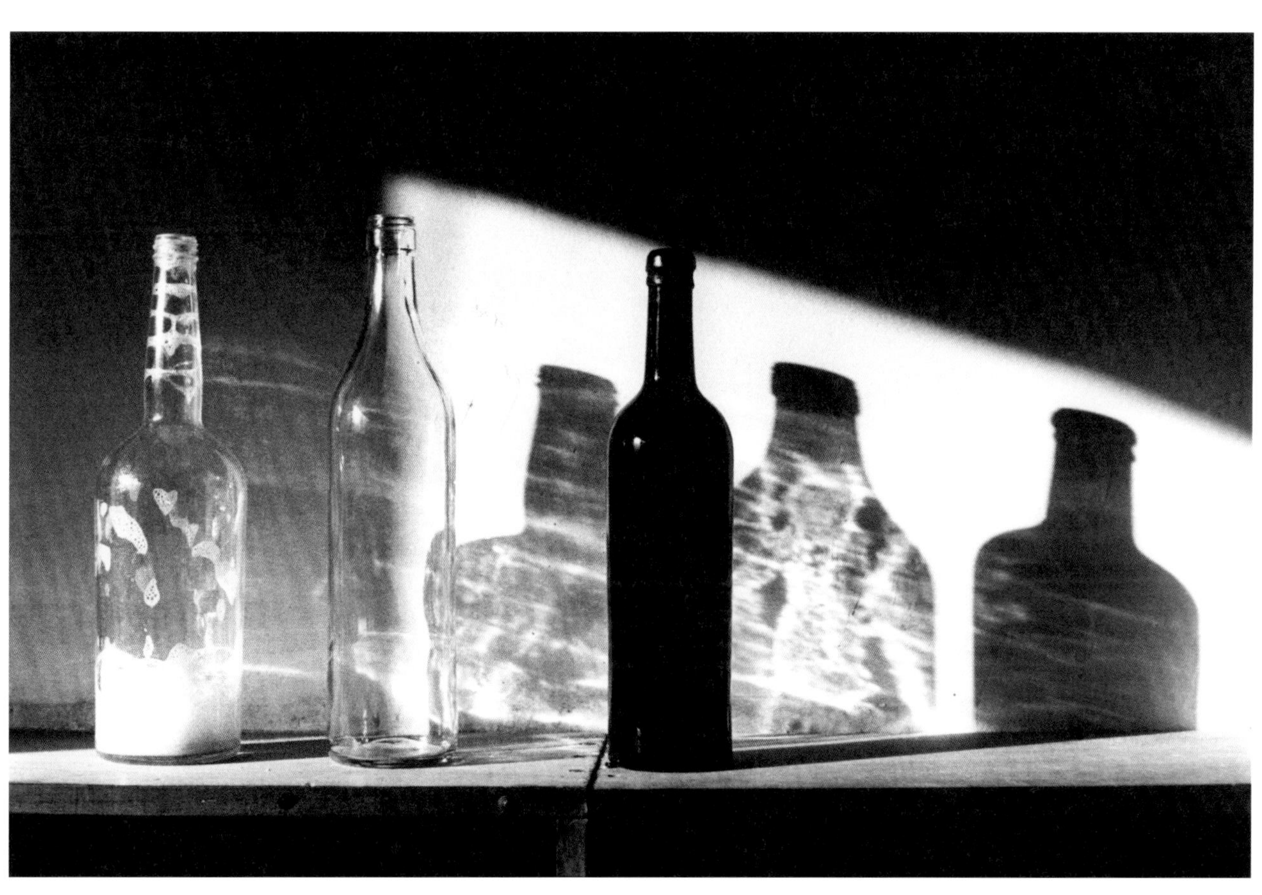

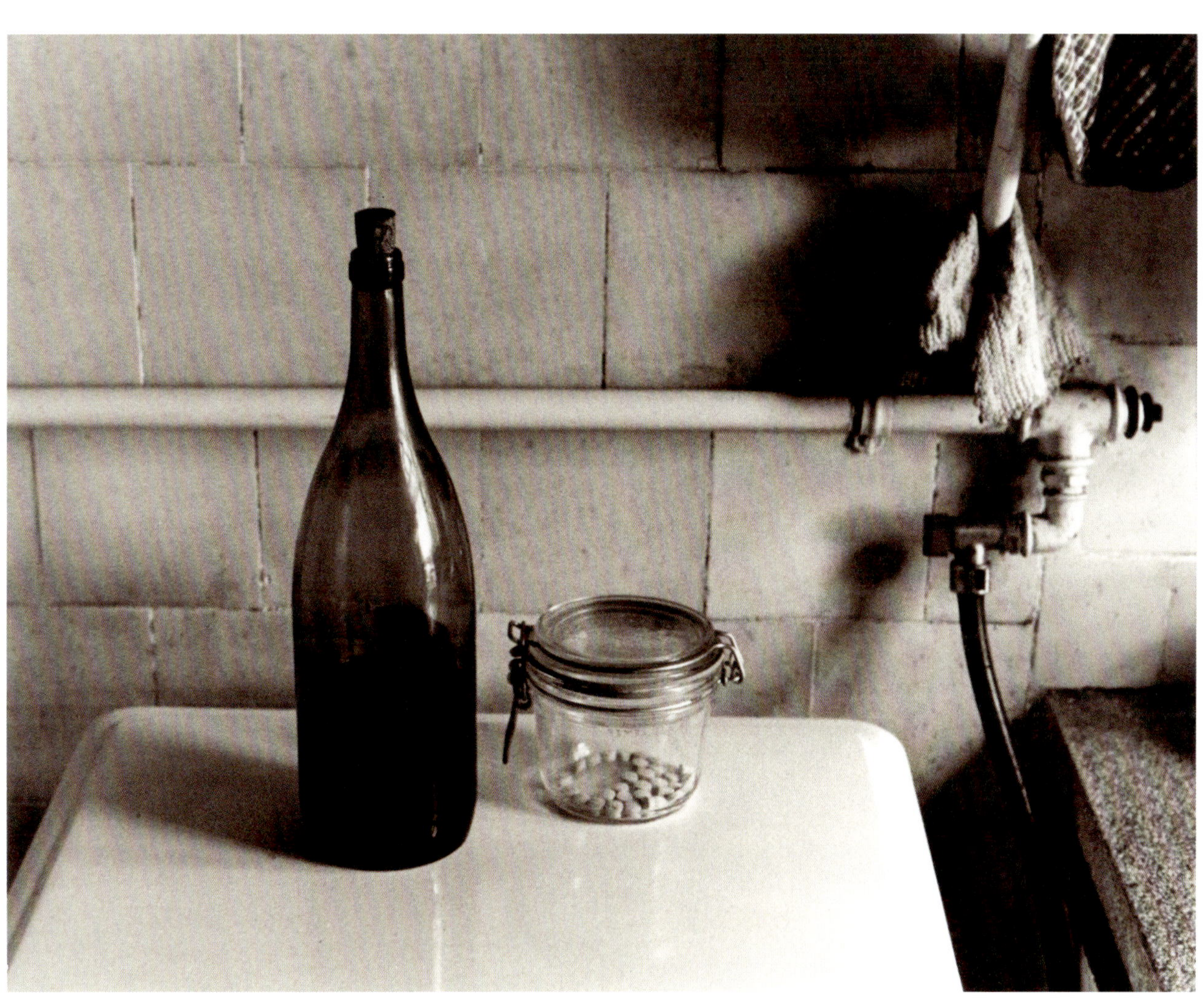

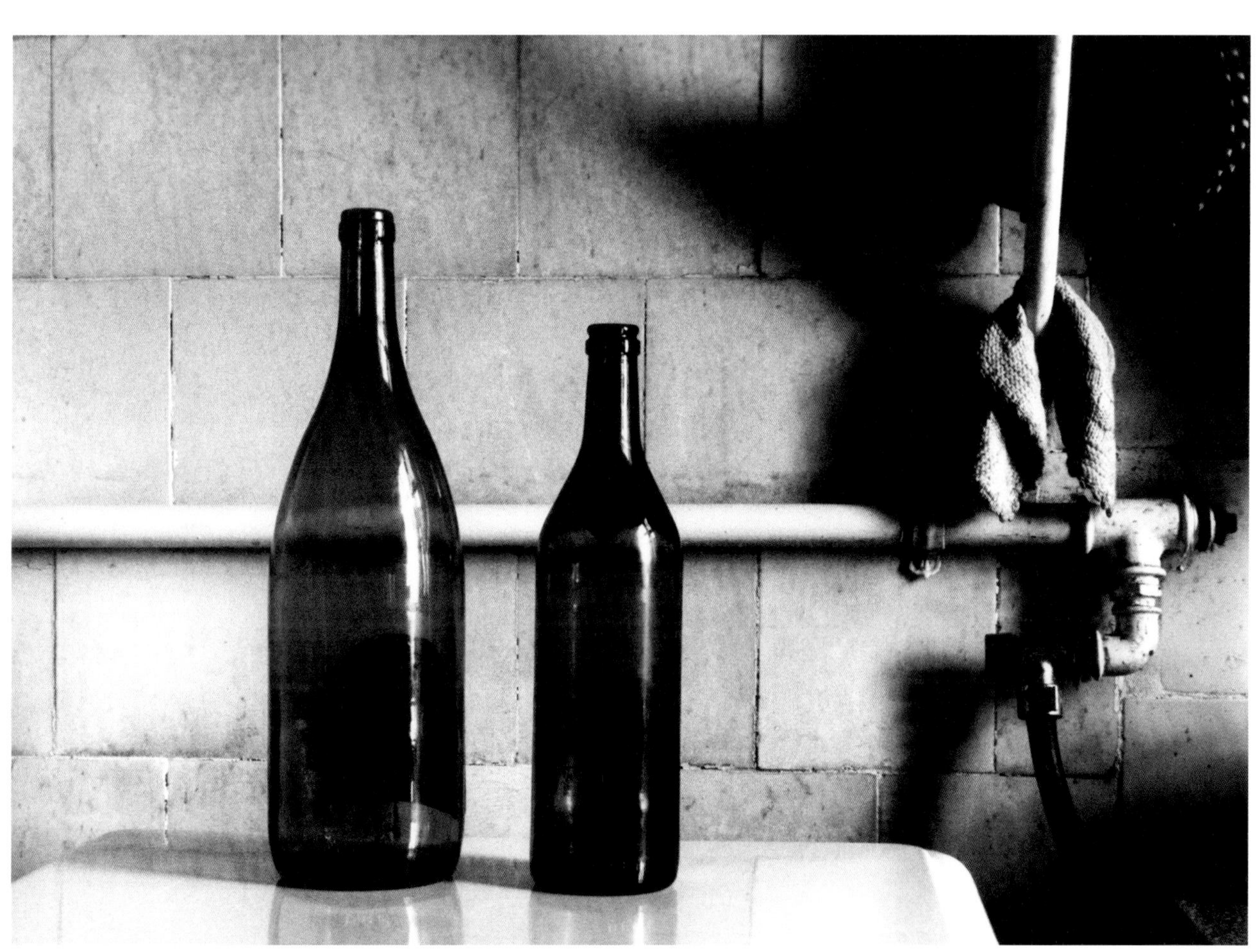

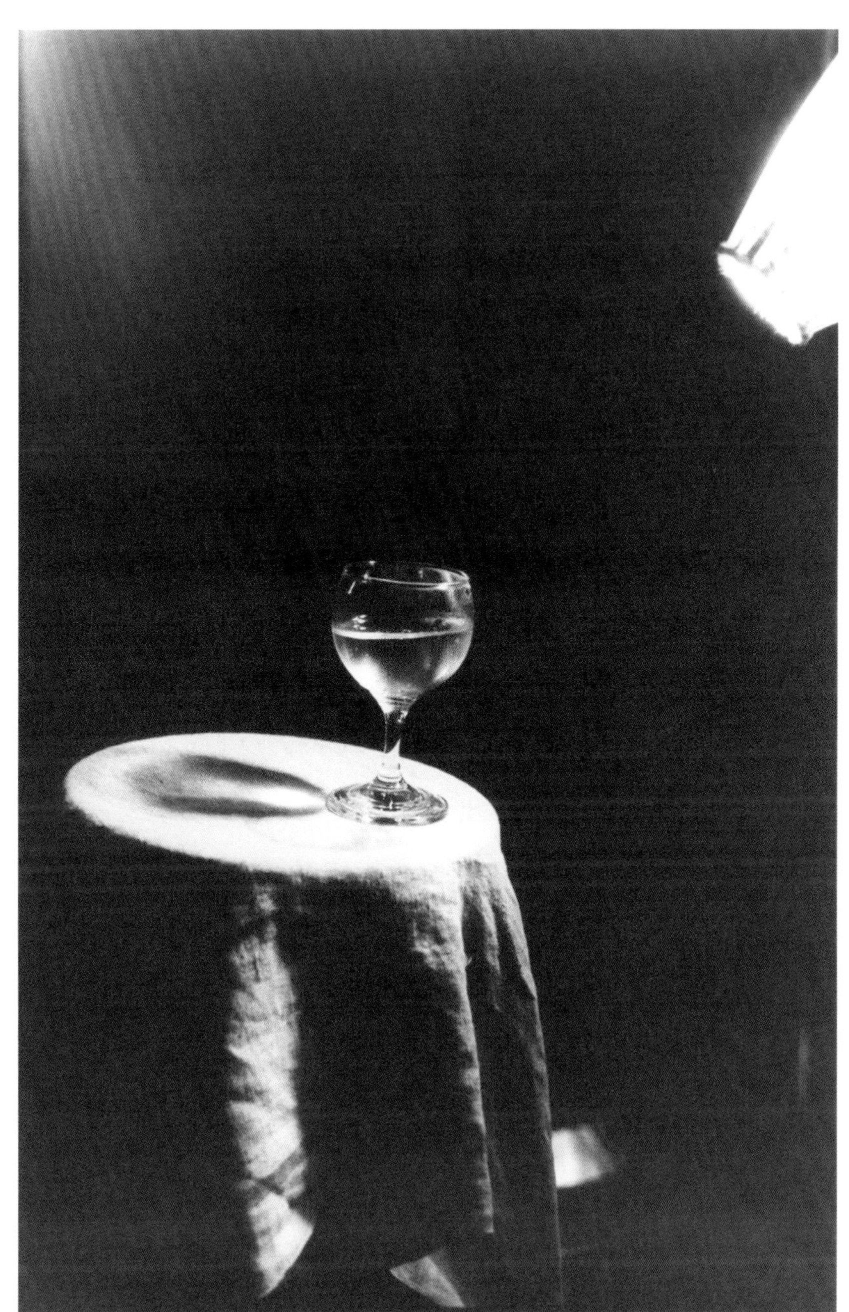

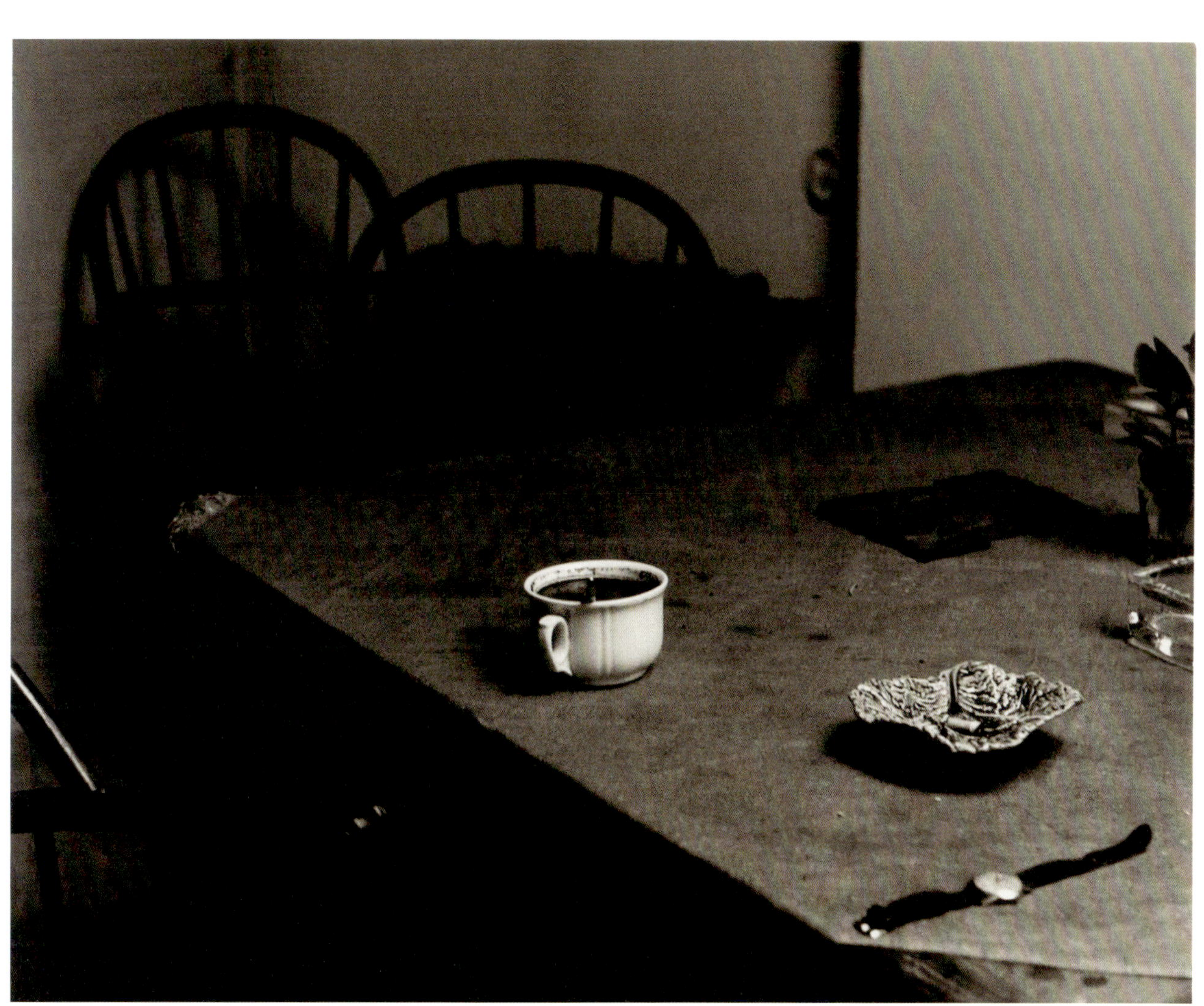

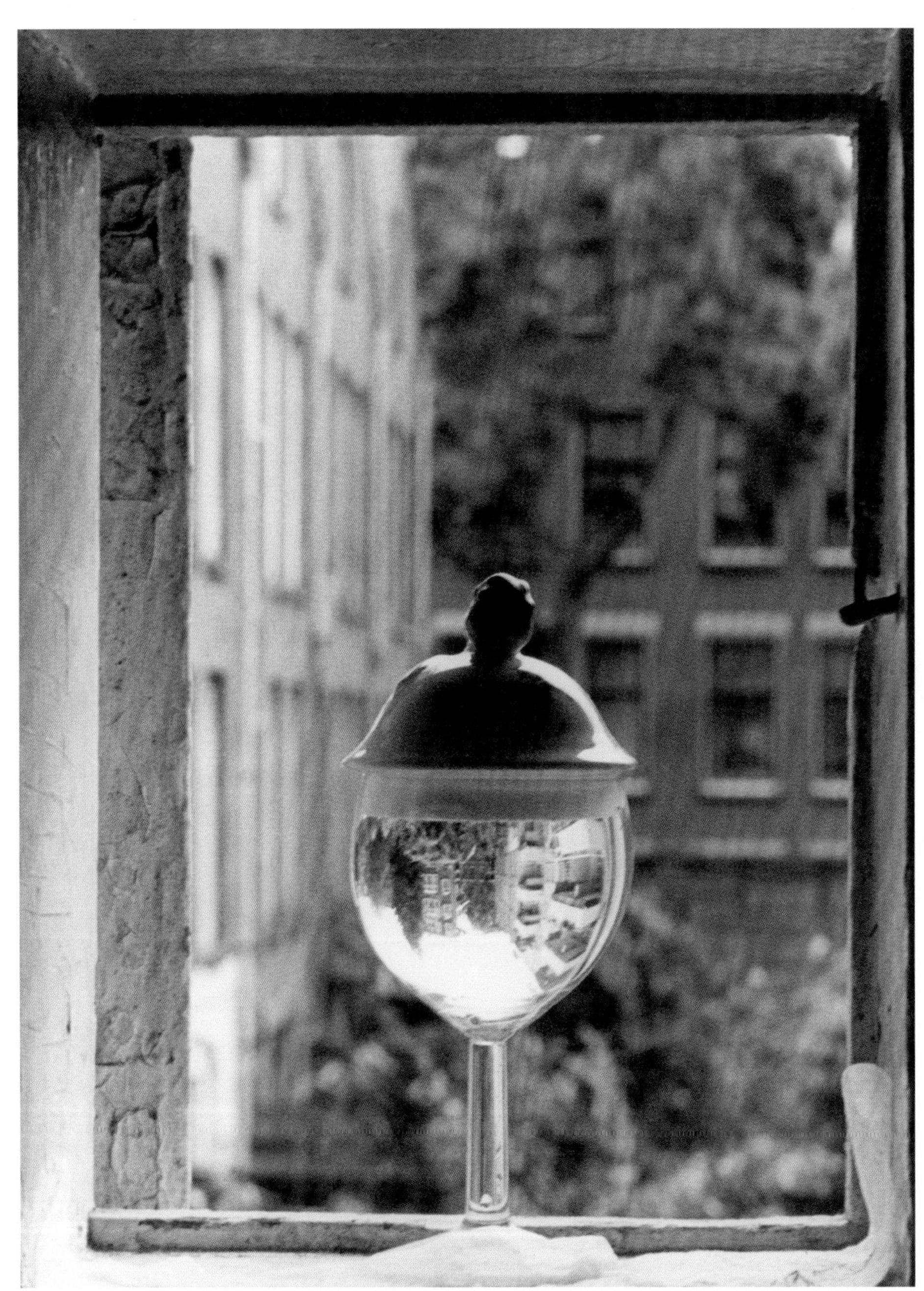